Frau *jott und Herr *jott

im Dialog

. . . miteinander und mit der Welt . . .

Ein paar Ansichten und Einsichten von Frau *jott und Herrn *jott habe ich über die Jahre sammeln können. Sorgsam habe ich sie verwahrt, gehegt und gepflegt, um sie jetzt in einer kleinen Sammlung zu präsentieren.

Dass Frau *jott und Herr *jott beide präsent sein dürfen, war nicht unbedingt geplant und lange Zeit ganz und gar nicht sicher.

Frau *jott und Herr *jott
im Dialog
. . . miteinander und mit der Welt . . .

Bibliografische Information der Deutschen Nationalbibliothek:
Die Deutsche Nationalbibliothek verzeichnet diese Publikation in der
Deutschen Nationalbibliografie; detaillierte bibliografische Daten sind
im Internet über http://dnb.dnb.de abrufbar.

Bilder Umschlag und im Innenteil: Kerstin F. Wolff
Realisation Umschlag-Layout:
durch eine sehr nette junge kompetente Frau und Hans-Jürgen Nolte

Die Autorin im Internet:
www.kerstin-f-wolff.jimdo.com

Von der Autorin auch erhältlich:
Mein Kartenhaus, BoD 2016, ISBN 9 783741 275104
Mein Weg zum wirklichen Ich, BoD 2016, ISBN 9 783741 279997
Fenster & Stolpersteine, BoD 2018, ISBN 9 783744 854382
Atlas - & so viele andere, BoD 2018, ISBN 9 783752 868593
Liebe ICH, BoD 2019, ISBN 9 783748 188612

Herstellung und Verlag: BoD – Books on Demand, Norderstedt

ISBN 9 783735 756381

Gewidmet ist dieses Buch den Menschen,
die noch an das Gute im Menschen glauben . . . !

Gabi !!!
Danke für deine Zuversicht und dein Vertrauen !!!
Danke für dein ICH an meiner Seite !!!

Frauke !
Ein großes Danke an Dich,
… denn Du hast es möglich gemacht, dass Herr *jott
sichtbar bleiben durfte !
Dir ist es ebenso zu verdanken, dass Frau *jott und
Herr *jott nun beide präsent sein dürfen und können,
dass sie einen Dialog miteinander und gemeinsam auch
mit der Welt führen können !

Frau *jott und Herr *jott

im Dialog

. . . miteinander und mit der Welt . . .

Frau *jott über die Frauen

Manchmal, dachte Frau *jott für sich,
kommt es mir fast so vor,
als ob Gott Frauen nicht aus einer Rippe des Mannes geschaffen
hätte,
sondern aus dessen gesamtem Hirn -

Frau *jott und das Kaninchen

Frau *jott betrachtete verdutzt das mannshohe Kaninchen, das da an ihr beim sonntäglichen Spaziergang vorbei hoppelte. Auf ihre neugierigen Blicke antwortete das Kaninchen gereizt: Konnte ich doch nicht ahnen, dass die Rüben gentechnisch verändert waren!

Herr *jott und der wunderschöne Herbsttag

Herr *jott begann zu träumen, als ihm von diesem wunderschönen Herbsttag berichtet wurde.
An dem die Sonne noch einmal kräftig schien und auch noch einmal die wenigen Bienen und Schmetterlinge wärmte, die vielleicht ein letztes mal fleißig sammelten, bevor der Herbst endgültig dem Winter weichen musste.
Alles war so friedlich und geruhsam.

Alles war so unendlich friedlich, als ein Flugzeug auf diesen Frieden fiel.
Einfach so.
Und einfach so begann Herr *jott zu weinen.

Herr *jott und der Brocken

Es war in irgendeiner Stadt. Es war in irgendeinem Hotel. Es war irgendein Fernsehsender der gegen die Langeweile lief. Es war irgendeine Jugendsendung die gegen die Langeweile lief.

Ja, Herr *jott erinnerte sich noch sehr gut, wie er, in der Notlage, einige Zeit totschlagen zu müssen, diesen Dialogen folgte. Eher gelangweilt, unbeteiligt, aber doch irgendwie aufmerksam.

Und da war dieser Junge, der über seine möchte-gern-Liebe berichtete. und er berichtete von seinem Schwarm und deren neuer Liebschaft. Und er urteilte kurz und aussagekräftig: 'Sie war der Brocken und er die Kotze'.
Tja, und so sehr dieser Satz in dem Film wohl nur einer von vielen, vielleicht sogar eher unbedeutend war, so sehr hatte sich dieser Satz in den Hirnwindungen von Herrn *jott eingenistet. Und manchmal schon, seit dem Nachmittag in dem Hotelzimmer, war dieser Satz Herrn *jott in den Sinn gekommen. Denn so simpel er schien, desto passender war er aber auch für so viele Pärchen. In seiner Einfachheit und vielleicht auch Schnodderigkeit so viel Wahrheit enthaltend.

So, dachte sich Herr *jott amüsiert, möge sich nun angesprochen fühlen, wer will!

Herr *jott einmal nachdenklich

Vielleicht habt ihr Jugendlichen ja Recht, meinte Herr *jott, nach-
denklich geworden über die Unbeschwertheit und die Sorglosigkeit
der Kids.
Vielleicht sind eure Fußballergebnisse, eure Disco-Lieben und eure
Popstars doch viel wichtiger als alles andere auf dieser Welt -
Und, wir Erwachsenen haben das nur noch nicht gemerkt?

Herr *jott über seinen Besitz

Eines Tages, eher durch einen Zufall, stellte Herr *jott fest, dass er mehr als Herr Redu besaß.

Herr *jott hatte irgendwie ein größeres Haus -
das Sparkonto war ein wenig mehr gepolstert -
ein wenig größer war auch die Sammlung der CDs -

Aber für Herrn *jott stellte es eher eine Nebensächlichkeit dar.
Schon gar nicht mochte er sich darauf etwas einbilden.

Aber worauf er sich dagegen ein wenig einbildete, war, dass er, so war er jedenfalls felsenfest überzeugt, doch sehr viel schöneren, erfüllteren, partnerschaftlicheren Sex hatte.

Herr *jott im Kaufhaus

Herr *jott taumelte fast, verlor beinahe die Besinnung, als er durch die vorweihnachtlich-berstende Spielwarenabteilung des Kaufhauses ging.

Wie gut, dachte er still in sich hinein, dass du zu einer der letzten Generationen gehört hast, bei denen auch noch ein paar Socken unter dem Weihnachtsbaum lagen.

Herr *jott und der Opel Kadett

Herr *jott sah verwundert dem vorbeifliegenden Auto nach -

Eeeh Kids, wo habt ihr denn diesen geilen Kadett BSE her?

Herr *jott und die Unsterblichkeit

Ach, seufzte Herr *jott, ich wünschte, diese Frauen und Männer würden ewig leben.
Aber wenigstens ein paar mehr Generationen, als die Natur es vorgesehen hat, sollten sie der Erde doch erhalten bleiben dürfen.
Tja, seufzte Herr *jott verträumt, vielleicht könnten dann die zukünftigen Krüppel und Missgebildeten noch ihre Rache an ihnen nehmen -

Herr *jott und seine Hausbar

Herr *jott öffnete seine Hausbar und stellte beim Anblick der stattlichen Zahl an verschiedensten Flaschen in plötzlicher und tiefer Erkenntnis fest:

Jaja, ich kämpfe halt an vielen Fronten -

Herr *jott und das Aufatmen

Herr *jott stellte fest, dass ja eigentlich alles schon einmal beschrieben wurde:
In wohl tausenden Sience-Fiction-Romanen, zählten sie nun zur Weltliteratur oder zur schriftstellerischen Massenware, war alles schon zu lesen gewesen.

Doch von einem, einer Tatsache hatte er noch nie gehört oder gelesen:

Dass ein erleichtertes Aufatmen durch das Universum ging, als endlich Ruhe war mit und vor dieser Erde.

Herr *jott und die Wege des Lebens

Herr *jott dachte an die Wege, von denen er manchmal meinte, sie würden sich ihm eröffnen.

Manchmal waren es große, breite und schöne Wege, manchmal waren es schmale unwegsame Pfade, die er zu erkennen glaubte.

Meistens jedoch waren es dann aber ganz andere Wege, die er letztlich gehen musste.

Herr *jott und sein Tagesablauf

Nachdem sein Tagesablauf gründlich durcheinander geraten war, meinte Herr *jott verstimmt :

Tja, und so wird man auch noch um seinen Stuhlgang beschissen!

Herr *jott und das Reisen

Nein, nein, nein – das war, so meinte er jedenfalls aus tiefster Über-
zeugung, gar nichts für ihn.

Hierhin – dorthin – immer unterwegs, so unendlich rastlos.

Nein, nein, nein – Herr *jott war überzeugt, das war nichts für ihn,
diese Bildungsreisen -

- an den Arsch der Welt!

Herr *jott und die 'Klowne'

Hierin war sich Herr *jott ziemlich sicher und stellte für sich mit Entschlossenheit fest:

Wahrscheinlich sind die, die am ehesten geklont werden möchten, diejenigen, von denen die Natur ganz und gar keine doppelte Ausführung benötigten wird.

Ja, vielleicht sogar auf die erste Ausgabe auch gerne noch verzichten würde -

Herr *jott und sein Adressbuch

Die Guten ins Töpfchen,
die Schlechten ins Öfchen -

Herr *jott meinte, dass er schon viel zu lange gewartet hatte.
immer wieder hatte er sich selber beschwatzt, war schwach gewor-
den, war nicht mutig genug gewesen.

Doch irgendwann hatte er endgültig die Nase voll. Er wollte nicht
noch länger all diesen nutzlosen Ballast mit durch sein Leben
schleppen.

Und so griff er sich sein Adressbuch, blätterte die vollgeschriebenen
Seiten durch und versuchte, der Flut der lose beigefügten Zettel
Herr zu werden. Aber dieser Wust und ein inneres Aufbegehren for-
derten nun endlich ganz eindeutig und unmissverständlich eine kla-
re, ja radikale Lösung!
Und so nahm sich Herr *jott Zeit, sehr viel Zeit. und er las jeden ein-
zelnen Namen, sah die dazugehörenden Gesichter vor sich, wurde
lustig, wehmütig und traurig, manchmal sogar auch gut gelaunt.

Ja, so entschied Herr *jott ein ums andere Mal, Zettel um Zettel,
Namen um Namen, wer ihm denn wirklich wichtig war und wessen
Name und Adresse nur dazu gut genug war, den Flammen des
Ofens übergeben zu werden ---

Herr *jott philosophiert über Mittelfinger

Im Zusammenleben mit den Menschen, da meinte Herr *jott, nein, dessen war er sich auch an dieser Stelle sicher, reichten manchmal die von Gott für den Menschen vorgesehenen zwei Mittelfinger bei weitem nicht aus.
Bei weitem nicht!

Herr *jott und die Freunde der Gastgeber

Herr *jott hatte sie schon einmal getroffen.
Es war schon eine ganze Zeit her und er hatte nicht so gute Erinnerungen daran.
Es war sehr nervig gewesen.

Ach, und wie herzlich war jetzt die Begrüßung! Ach, und wie nett, sich einmal wiederzusehen. Ach, wie schade, dass nicht öfter Gelegenheit ist, sich zu treffen, sagten sie und setzten sich an ihren Tisch bis sie sich wieder erhoben, um nach Hause zu gehen.

Ach, wie gut hatten sie inzwischen gelernt, Interesse und Verbundenheit zu heucheln.

Meinte zumindest Herr *jott -

Herr *jott und die Ordnung

Für viele Dinge hatte Herr *jott über die Jahre eine ganz besondere, „seine" Ordnung gefunden:
- die Werkzeuge im Keller
- der Verbandskasten im Auto
- die Lagerung des Brennholzes vor dem Haus.

Manchmal fragte er sich jedoch, wie diese Ordnung wohl ohne ihn aufrechterhalten oder gar wiederhergestellt werden würde, wenn er einmal nicht mehr so könnte, wie jetzt er noch konnte -

Herr *jott und das Älter werden

Herr *jott stellte vor einigen Jahren auf einmal, eigentlich ganz plötzlich sogar, fest, dass auch er älter geworden war. Ganz plötzlich hatte er die Unschuld -so vermeintlich sie auch immer gewesen sein mochte- der Jugend verloren.
Ganz plötzlich war seine Jugend vorbei.

Denn wie konnte es sonst angehen, dass er das 'du' angeboten bekam von Menschen, die doch so weitaus älter waren als er selbst.

Herr *jott meinte hinterlistig ...

So schlau, wie die da an den Biertischen,
so schlau, bin ich doch wohl schon lange -

Herr *jott zieht sein Lebensresümee

Jetzt -
lachen über mich noch die Hühner ...

und später -
kräht dann kein Hahn mehr nach mir ...

Herr *jott über das Pechvogel-Theorem

Nie war Herr *jott verlegen um gute Ratschläge zur Arbeitssicherheit, nie verlegen um Vorschläge, wie man bei diversen Arbeiten Schäden an Mensch und Material verhindern könnte -

Doch keine Frage, wenn dann aber schlussendlich das Malheur doch passierte ...
Ja, dann schien Herr *jott immer als erster 'hier' gerufen zu haben ...

Frau *jott und ihre Freunde aus Plüsch

Nein, nein, nein,
das wussten ihre Freunde aus Plüsch ganz genau -

Aus diesem Haus wollten sie nicht freiwillig gehen,
nein,
aus diesem Haus, da musste man sie wohl schon tragen -

Herr *jott beherrscht natürlich auch die digitale Welt

'Sicher ist sicher', das ist immer schon die Devise von Herrn *jott für alle seine Lebenssituationen gewesen.

Und so traf er auch bei seiner neuerdings vorgenommenen E-Mail-Korrespondenz Vorsorge:
Denn immer, wenn er vertrauliche Dokumente verschicken musste, ließ er sie sich umgehend wieder zurücksenden
– sie sollten ja nicht etwa in falsche Hände geraten ...

Herr *jott über die Unersättlichkeit

Die Amsel eilte über den Rasen.
Doch obwohl sich in ihrem Schnabel eigentlich scheinbar schon genug Würmer wanden, suchte sie noch immer in dem Grün und hielt Ausschau nach etwas Leckerem für den hungrigen Nachwuchs.

Ja, ja, dachte Herr *jott so für sich, manchmal habe ja eigentlich auch ich die Schnauze schon voll, und doch ...

Herr *jott und die erschlagene Spinne an der Wand

Tja, dachte Herr *jott nachdenklich: Wenn die Spinne darüber reflektieren könnte, was ihr gerade passiert ist, dann wäre sie wohl sehr unglücklich oder gar verzweifelt.

Denn ihr Leben hatte ja ganz und gar nicht den Zweck erfüllt, der für sie von der Natur vorgesehen war:
Gefressen zu haben und gefressen worden zu sein ...

Herr *jott philosophiert über die Farbenlehre

Wer nur nach Farben wählt,
sollte sich sicher sein,
nicht farbenblind zu sein ...

Herr *jott über die Emanzipation

Ja, im tiefsten Innern seines Herzens war Herr *jott zufrieden:

Er erkannte, dass sich all die Mühen und Hoffnungen so vieler Frauen der letzten Jahre ausgezahlt hatten.

Endlich waren Männer und Frauen vollkommen gleich und nun endlich hatten Frauen sich vollständig emanzipiert:

Vor der roten Ampel hinter dem Steuer ihres Wagens wartend, popelt nun auch frau ganz ungeniert ...

Herr *jott entwickelt das WIXXXXXER-T****-THEOREM

Grundlage dieser hoch wissenschaftlichen Betrachtung sind:
ein Autohaus & ein zum Arschloch mutierter 'Niederlassungsleiter'.

Durch einen bis fast in Verzweiflung endendem an sich selbst durch-
geführten Selbstversuch bestätigte sich (leider) die von Herrn *jott
schon lange vermutete Annahme:

Manche Menschen können lächeln und dir in die Augen sehen:
gleichzeitig sind sie jedoch zum Erbrechen arrogant!

Manche Menschen können lächeln und dir in die Augen sehen:
gleichzeitig sind sie jedoch berechnend und falsch!

Manche Menschen können lächeln und dir in die Augen sehen:
gleichzeitig belügen sie dich jedoch kaltschnäuzig!

Tja, findet Herr *jott,
so einfach lässt sich das
WIXXXXXER-T**** -THEOREM
beschreiben!

Herr *jott über „Törtchen"

Tja, wusste Herr *jott:
manche Törtchen sind einfach nur süß –
und sonst gar nichts

Tja, sah Herr *jott ein:
manche Törtchen liegen dir unendlich schwer im Magen -
und sonst gar nichts

Herr *jott und der Huster

Zunächst war es nicht wirklich auffällig, doch dann gewann das Husten an Intensität und schließlich auch an Bedeutung.
An Bedeutung wohl nicht nur für den Huster, ein wenig aber doch auch für Herrn *jott, der -seltsam betroffen- verstohlen und bemüht heimlich lauschte.

Im WC, er hatte wohl seine Blase erfolgreich geleert, hustete der Mann nun seinen Husten.
Es klang nicht gut und es klang wahrlich nicht gesund.

Aber es machte dann doch auch Sinn, dass der Huster sein Portemonnaie aus der Tasche zog, um bereitwillig einen Benutzungsobulus zusammen zu suchen . . .

. . . denn wer konnte schon wissen,
- wie lange das Husten ihn noch tragen wollte, in diesem Leben,
- wie lange das Husten ihm noch gönnen wollte, an Leben . . .

Herr *jott war müde geworden

Zumindest ein wenig spürte Herr *jott diese gewisse Müdigkeit.
Ja, ein wenig müde fühlte er sich, denn so lange kämpfte er nun
schon, schon so lange kämpfte er für diese ihm so wichtige Sache!

Und immer wieder, wenn sie ärgerlich 'mann' riefen, die Frauen,
dann intervenierte er, protestierte Herr *jott nachdrücklich:

Nein, nein, ihr seid doch Frauen –
ihr seid doch keine Männer!

Frau *jott hatte geerbt

Es war ein kleiner Karton, der übrig geblieben war.
Ein kleiner Karton hatte das Ende des Lebens überlebt.

Ein kleiner Karton blieb übrig von diesem Leben.
Ein kleiner Karton gefüllt mit Fotos, kleinen Zetteln, einigen Briefen.
Ein kleiner Karton nur, übrig von diesem Leben . . .

Herr *jott und die Pistole

Sie sollte die Rettung in letzter Minute sein, vielleicht auch die Rettung in letzter Sekunde -

Ein Relikt.
Ein Überbleibsel aus alten Tagen.
Ein Etwas aus einer Zeit, die ganz und gar nicht mehr wirklich war.
Ein Etwas aus einer Zeit, die für viele gar nicht mehr vorstellbar war.
Vielleicht irgendwo auf der Erde, aber doch ganz und gar nicht mehr hier zu dieser Zeit, an diesem Ort.

Und nun, da sich die Dunkelheit des Vergessens langsam über das Gedächtnis ausbreitete, da sich die Dunkelheit der Nacht in seinem Kopf festsetzte, wich auch die Erinnerung an diese als Option gedachte Möglichkeit . . .

. . . die Rettung in letzter Minute
. . . vielleicht auch die Rettung in letzter Sekunde
. . .

Herr *jott und die alten Zeitungen

Heute,
und das praktizierte Herr *jott fleißig Tag für Tag, werden ausgelesene Zeitungen einfach in die blaue Tonne entsorgt . . .

Früher,
kannte sich Herr *jott aus, da verwendete man noch wirklich Mühe auf das Recycling, obwohl es diesen Namen damals noch gar nicht hatte. Da wurden fein säuberlich Stapel von Zeitungen gelegt und dann mit einem Band verschnürt . . .

Und noch früher,
das wusste Herr *jott aus Erzählungen seiner Eltern und Großeltern, da wurden ausgediente Zeitungen zu rechteckigen Zuschnitten verarbeitet und auf einen Speckhaken gehängt.
Um dann, weil Toilettenpapier durchaus einen Luxus darstellte, zum Reinigen der Hintern zu dienen . . .

Herr *jott zum Thema Gehstöcke

Nicht unbedingt älter werden wollte Herr *jott, zumindest jetzt noch nicht, es sollte ruhig noch eine Weile dauern.

Aber eines, das würde ihm dann wohl doch am Alter gefallen wollen:
Beim Spazierengehen hätte er dann immer seinen Gehstock dabei –
hei, das würde dann ein Spaß werden!

Ja, es wird ein toller Spaß werden mit den Hunden, denen er dann nicht mehr so hilflos ausgeliefert sein wird, wenn sie -zwar gefährlich knurrend und Zähne fletschend- einfach doch nur spielen wollen . . .
mit ihm und seinem Gehstock dann spielen wollen müssen . . .

Frau *jott hätte da eine Frage . . .

Gott, wo hast du bloß all die
- dummen
- einfältigen
- größenwahnsinnigen
- eitlen
- hässlichen
- Menschen herbekommen?

Gab es die günstig an der Resterampe des Universums ???

Herr *jott & der Gerümpelmann

Herr *jott -
- war diesen Schallplatten erlegen
- war diesen Büchern erlegen
- war diesen Dosen & Schachteln erlegen
- war diesem & jenem & so vielem erlegen

'Ach du Scheiße',
sagte der Gerümpelmann,
als er dann den Nachlass von Herrn *jott verwalten musste . . .

Herr *jott und die Rosinen im Sack

Gar so viele Menschen hatte Herr *jott in seinem Leben schon ge-
troffen, die so unendlich viele Rosinen im Sack hatten.

Menschen, die so unendlich viele und vor allen große Rosinen in
ihrem Sack hatten, dass sie gar nicht von der Stelle kamen.

Aber bei manchen von ihnen platzte auch einfach nur der Sack –
und dann waren nicht einmal mehr die Rosinen noch zu finden . . .

Herr *jott und die gereichte Hand

Herr *jott wollte den Gruß erwidern und freundlich die Hand rei-
chen.
Doch er zögerte einen Moment, denn er kam ja gerade aus dem
Garten, hatte hier und dort berührt und angefasst und somit nicht
unbedingt die saubersten Finger.
Aber dann wurde sein Zögern zu einer Flucht und keine Hand moch-
te Herr *jott mehr reichen.

Denn Herr *jott erkannte plötzlich, wie schmierig dieses handrei-
chende Gegenüber, dieser gesamte ihm gegenüber stehende
Mensch war.
Außen schon, mehr aber noch innen.

Herr *jott und der Igel

Herr *jott trat ans Fenster und sah in die Nacht hinaus. Er betrachtete die vom Licht der Straßenlaterne fast ein wenig geheimnisvoll beleuchteten Sträucher und Büsche, ließ seinen Blick über den auch bei diesem besonderen Licht kräftig vor grün strotzenden Rasen gleiten.

Herr *jott bemerkte eine leichte Unruhe in sich, denn eigentlich war jetzt auch schon die Zeit gekommen, zu der der stachelige kleine, wenngleich doch aber wohlgenährt scheinende, Geselle sonst abends immer diesen Garten besuchte, diesen Rasen inspizierte. Zu der dieser Igel jeden Abend ziemlich pünktlich bei seiner Runde durch sein Revier genau hier nach nahrhafter und wohl auch schmackhafter Nahrung suchte.

Aber kein Igel war in Sicht, kein Igel wollte sich heute im Schutz der beginnenden Dunkelheit eine Mahlzeit Schnecken gönnen. Vielleicht, ja vielleicht, überlegte Herr *jott, hockt dieser Igel ja auch gerade, wie so viele andere, vor der Glotze und guckt Fußball !?!

Ein prustendes Lachen durchbrach die Stille, den Frieden dieses Wartens:
Nein, nein, lachte Herr *jott herzlich, so genügsam kann ein Igel gar nicht sein . . .

Herr *jott und die tierischen Menschen

Herr *jott vernahm ihr . . .

. . . du geiler Bock . . .
. . . du alte Sau . . .
. . . du Rindvieh . . .
. . . du Esel . . .
. . . du eitler Gockel . . .
. . . du alter Affe . . .
. . . du dumme Kuh . . .
. . . du frecher Hund. . .

. . . und Herr *jott dachte so bei sich:

Ja, ihr lieben Tiere,
da scheinen euch wohl einige nicht wirklich zu kennen,
da haben wohl einige Menschen vergessen, dass sie einfach nur in
den Spiegel schauen !!!

<u>Herr *jott staunte ...</u>

Herr *jott staunte nicht schlecht als er sich dessen bewusst wurde, dass
... manche Frauen und Männer durch ihre Partner in den Himmel wuchsen ...

&

Herr *jott staunte nicht schlecht als er sich dessen bewusst wurde, dass
... manche Frauen und Männer durch ihre Partner in die Scheiße gezogen wurden ...

Herr *jott & die Zauberkünstler

Ja, ja, es gibt so viele von ihnen, wusste Herr *jott,
so unendlich viele Zauberkünstler!

Doch all diese Zauberkünstler,
sie entzauberten sich früher oder später.
& manche entzaubern sich
- subtil -
& manche entzauberten sich
- laut krachend -

Doch sie alle entzauberten sich,
ja, früher oder später entzauberten sie sich alle -

Frau *jott war erleichtert

Für so manchen Menschen war Frau *jott erleichtert,
dass die alten Zeiten vorbei waren,
dass nicht mehr die Werte von früher galten.

Denn früher, früher kam es schon einmal vor,
dass man überaus drastisch bestraft wurde wegen . . .
. . . 'Feigheit vor dem Feind' . . .

Frau *jott als Fischereiexpertin

Frau *jott stellte voller Lebenserfahrung fest:

Auch so mancher tolle Hecht . . .

. . . ist am Ende noch in die Pfanne gehauen worden . . .

Herr *jott über Enttäuschungen

Herr *jott war enttäuscht, tief enttäuscht -

- denn er erkannte immer wieder aufs Neue,
dass wohl nicht alle Menschen ein so großes Herz hatten.
So groß, wie er meinte,
dass es möglich sein könnte . . .
und wie es wünschenswert wäre . . .
und wie es doch eigentlich schön sein würde . . .

Herr *jott sinniert über moderne, digitale Kameras

Wenn manche Menschen wüssten!
Wüssten, wie sie sich benehmen, . . .

. . . dann müssten Kameras nicht nur eine 'rote-Augen'-Funktion,
nein,
sie müssten besonders auch eine 'rote-Ohren'-Funktion haben . . .

Herr *jott zum Thema 'Menschen, nicht nur im Einzelhandel'

Vor nicht allzu langer Zeit erkannte Herr *jott:
„ Nicht nur in einem Kaufmannsladen
findet sich zuweilen eine kleine Krämerseele "

Herr *jott sitzt vor seinem Teller und philosophiert

Er ist schön anzusehen, er ist auch wohl zu genießen,

- der heiße Brei -

doch es ist nicht wirklich gut, um ihn herumzureden.

Herr *jott über Spätze und Hasis

Herr *jott vernahm ihr . . .
. . . 'Spatz' . . .
. . . 'Hasi' . . .

. . . und Herr * jott betrachtete dann die Spätze und Hasis . . .

. . . und Herrn *jott wurde eigentlich nur übel . . .
. . . einfach nur speiübel . . .

Herr *jott und die Flötenkinder

Oh !,
stellte Herr *jott beim Gang durch den frühsommerlichen Garten
erstaunt fest,
das Flöten hatten die Nachbarskinder nicht verlernt -

Ohoh !,
musste Herr *jott dann doch auch einsehen,
das Flöten hatten die Nachbarskinder noch immer nicht erlernt -

Herr *jott & der Spießer

So manches mal beobachtete Herr *jott den Spießer.
Er beobachtete, wie dieser versuchte,
sich mit ein paar Bierchen Lockerheit anzutrinken -

doch meistens war der Spießer dann am Ende so locker,
dass er einfach nur einschlief ...

Auch Herr *jott lernt nie aus!

Auch Herr *jott musste wieder einmal lernen.

Er musste schmerzlich lernen, dass es Menschen gibt, die es dir sehr schwer machen, sie zu mögen.
Dass es Menschen gibt, die dich nicht wirklich überzeugen können, als wertvoll zu erscheinen . . .

Herr *jott schaute in den nächtlichen Sternenhimmel und dachte so
bei sich . . .

Von weitem betrachtet sind manche Galaxien wirklich wunder-
schön.
Doch ganz tief innendrin, da sind sie wohl einfach nur trostlos und
öde!

Und ja, von weitem betrachtet sind manche Frauen wirklich wun-
derschön . . .

Und Frau *jott lachte herzlich:
Und wie ist es denn wohl mit den Männern ?!

Herr *jott bemerkte sehr schnell . . .

. . . wenn man Arschlöcher interviewt,
was soll man dann schon zu hören bekommen?

Frau *jott und Herr *jott über den Erschaffer/die Erschafferin der Welt

Frau *jott und Herr *jott waren sich unwiderruflich sicher:
Wenn der Erschaffer/die Erschafferin der Welt geahnt hätte, was sich die Männer gegenüber den Frauen herausnehmen würden, sie mißhandeln, unterdrücken, wie Scheiße behandeln, für minderwertig erachten, und, und, und ...
dann hätte er/sie den Frauen bestimmt die Gnade der gleichgeschlechtlichen Fortpflanzung gewährt!

Frau *jott über High Heels

Erkundigten sich Männer bei Frau *jott, ob es sich denn in High Heels Auto fahren ließe, eventuell auch schnell, dann gab es dazu nur eine Antwort:
Das kommt darauf an, wie das Auto motorisiert ist!

Herr *jott dachte ...

Einen Moment lang hatte Herr *jott den Eindruck,
einen Moment lang dachte er wirklich,
dass er und 'Herr Professor und ICH'
sich ganz gut verstehen könnten ...

Herr *jott und die Kundenbefragungen

Für vielerlei Produkte und Dienstleistungen wird eine Bewertung
der erbrachten Leistung erbeten oder manchmal sogar auch einge-
fordert. Außerordentlich positiv muss das Urteil natürlich ausfallen,
versteht sich.
Und manchmal gibt es dann sogar noch eine Belohnung für die
Mühe des Erduldens der Befragung:
Gelegentlich ein Danke, eventuell ein kleines Präsent oder einen
Gutschein für dieses oder jenes.

Nach einem Aufenthalt im Krankenhaus fragte sich Herr *jott, ob als
Lohn für die Beantwortung der Fragen vielleicht wohl eine Darm-
spiegelung zur Früherkennung spendiert würde.

Herr *jott & seine 'Herzchen'

So manches 'Herzchen' begegnete Herrn *jott, wurde von ihm so betitelt.
Doch was Herr *jott wirklich hinter diesem Kosenamen verbarg, das behielt er dann doch lieber für sich.

Frau *jott & Herr *jott über Organspender

So viele Menchen, so waren Frau & Herr *jott überzeugt, eignen sich ganz und gar nicht zur Organspende . . .

. . . denn . . .

. . . herzlos sind sie, blind für Not und taub für Hilferufe . . .

Frau *jott über die Intelligenz so mancher Mädchen

Frau *jott hatte sehr häufig schon feststellen können:
„Intelligent, ja, das mögen manche Mädchen wohl sein -

aber eigentlich, sind sie einfach nur so unendlich dumm!"

Herr *jott über Würmer und Würstchen

Herr *jott hatte immer wieder erleben dürfen, oder, besser gesagt, erleben müssen . . .

. . . Würmer und arme Würstchen haben halt überhaupt kein Rückgrat . . .

Herr *jott über das Unterhalten

Immer wieder traf Herr *jott Menschen,
mit denen er sich unendlich lange unterhalten konnte!

Aber reden,
reden konnte er mit ihnen eigentlich überhaupt nicht -

Frau *jott und die Türen

Und Frau *jott bedauerte manchmal,

dass sich erst eine Tür schließen musste,
bevor sich eine neue Tür öffnen würde -
oder auch konnte . . .

Frau *jott und ihre ganz große Sorge

Frau *jott war in Sorge,
denn konnte es nicht auch sein,
dass die aufrechten Menschen zu wenige wären,
selbst wenn sie viele wären,
selbst wenn sie sehr viele wären,
dass die aufrechten Menschen immer zu wenige wären ...

Frau *jott einmal in eigener Mission

Viele Frauen, wusste Frau *jott,
sind nicht unbedingt hübsch,
doch sie sind interessant!

Und Frau *jott hoffte,
ja, sie hoffte es,
besonders auch für sich selber!

Frau *jott zog in den Bereich des Möglichen:

Vielleicht zeugt einfach die Erkenntnis,

dass wir ganz klein und unbedeutend sind,

von wirklicher Größe?

Frau *jott über Kinder ?

Frau *jott stellte fest, dass ihr Gegenüber wohl etwas kindisch war. Doch eines war ihr Gegenüber aber bestimmt schon lange nicht mehr:
Ein Kind!

Frau *jott über Menschen und Spiegel

Frau *jott verstand es nicht.
Nein, sie verstand es ganz und gar nicht,
Wie so viele Menschen noch in den Spiegel sehen konnten,
wie so viele Menschen überhaupt noch in den Spiegel sehen
konnten -

Frau *jott über die Zukunft der Erde

Frau *jott war sich wirklich nicht sicher,
ob sich denn nur der Mensch von der Erde tilgen wird,
oder ob er denn wohl auch alle anderen Lebewesen gleich mit ausrotten wird?

Frau & Herr *jott über Pflichtbewusstsein

Frau *jott überlegte:
Sie machten so unendlich viele Dinge,
nur - ihre Arbeit machten sie nicht . . .

Und Herr *jott pflichtete ihr bei:
. . . dafür machten sie ja aber Karriere!

Frau *jott wusste es aus eigener Erfahrung ...

Frau *jott wusste nur zu genau:

Das wofür du lange geliebt, geachtet, gelobt und bewundert wurdest -
irgendwann einmal werden die Menschen dessen einfach überdrüssig!

Frau *jott über die Wichtigen

Frau *jott ermahnte ihren Mann:
„Denk nicht nur an
die Glitzernden
die Tollen
die Großen
die angeblich Wichtigen!

Nein, sondern denk auch einmal an die vielen Kleinen,
die wirklich glitzernden, tollen, großen und wichtigen Menschen!"

Frau *jott und Herr *jott über Politik

Frau *jott und Herr *jott waren sich absolut einig in ihrer Überzeu-
gung:
„Wir hätten auch in die Politik gehen können,
doch wir wollten halt immer nur unsere eigene Meinung sagen und
vertreten …"

Frau *jott über 'können' und 'dürfen'

Frau *jott fragte frustriert ihren Mann:
„Nur, weil sie es selber nicht können oder meinen zu dürfen,
soll ich es auch nicht tun, soll auch ich es . . .
. . . nicht leben dürfen?"

Frau *jott und Herr *jott über geschenktes Vertrauen

Das wussten Frau *jott und Herr *jott beide aus eigener Erfahrung:

Vertrauen -
bekommst du geschenkt,
und dann ist es harte Arbeit,
dieses Vertrauen zu bewahren!

<u>Familie *jott über Nähe!</u>

Frau *jott fühlte eine Gewissheit in sich und Herr *jott wusste es aus eigener Erfahrung:

Eine zu große Nähe über einen zu langen Zeitraum, das lässt ganz sicher nur den Abstand wachsen!

Familie *jott über Schuld!

Frau *jott hatte den Eindruck, dass es sich das eine um's andere
Mal sich fast so anhören wollte, als ob Herr *jott sich selber zu be-
schreiben meinte, wenn er feststellte:
„Immer ist nicht nur eine oder einer schuld!
Nein:
Immer, ja immer, sind auch andere mit schuldig!"

Familie *jott über Perfektionismus

Vieles hatten Frau *jott und ihr Mann schon erlebt!

Nicht nur, dass Menschen an ihrem eigenen Hochmut oder ihrer eigenen Arroganz scheiterten -
Sie wussten sogar auch,
dass jemand an seinem eigenen Perfektionismus scheitern konnte!

Frau *jott und Herr *jott spüren ihre Hilflosigkeit

So manches Mal schon in ihrem Leben, da waren Frau *jott und
Herr *jott erschrocken!
Denn sie bemerkten,
dass Menschen zwar unendliche viele Dinge bewerkstelligen oder
bewirken konnten,
dass aber manche Wunden und mancher Schmerz niemals wirklich
geheilt oder gelindert werden können . . .

<u>Frau *jott erstarrt gelegentlich fast vor Ehrfurcht ...</u>

So würdevoll, so respektabel, so überlegen erscheinen ihr so manche Männer,
wenn ihnen beim Frisör aus Nasen und Ohren die Härchen geschnippelt werden,
wenn auch die Augenbrauen gleich mit gestutzt werden ...

Herr *jott stellt eine rhetorische Frage

Herr *jott stellte frustriert eine kleine große rhetorische Frage an Frau *jott:

„Wie sollten sie denn Dinge tun können,
wenn sie diese Dinge nicht einmal denken können?"

Frau *jott über 'gut' und 'richtig'

Frau *jott ermahnte Herrn *jott wieder einmal aus Sorge vor einer Enttäuschung:

Des einen gut und richtig,
ist noch lange nicht,
des anderen gut & richtig.

Herr *jott macht sich Gedanken zum Schach

Herr *jott wusste, was der Blick in den Augen von Frau *jott bedeu-
tete, denn auch er fragte sich immer öfter:

„Sie werden niemals Schach spielen können,
doch -
werden **wir** sie denn auf Dauer in Schach halten können?"

Herr *jott über Versuche

Herr *jott meinte durchaus selbstkritisch und auch ein wenig nach-
denklich:

„Ich weiß nicht,
ob es gelungen wäre -
wenn wir es nur versucht hätten -
aber:
wir haben es ja auch gar nicht erst versucht!"

Herr *jott bedenkt seine bisherige Lebenszeit

Herr *jott fluchte ein wenig vor sich hin, ärgerte sich bitterlich ... hatte er doch so unendlich viel seiner kostbaren Lebenszeit für so unendlich viel sinnloses Zeug vergeudet!

Doch Frau *jott lächelte milde und versuchte, etwas Trost zu spenden:
„Aber du warst mir doch immer ein wirklich treuer Begleiter!"

Herr *jott über Vertrauen

Herr *jott wog bedenklich, bedenkend seinen Kopf ein wenig hin
und her, so sehr unsicher und schwankend in seinen Gedanken und
Gefühlen fragend:
„Habe ich denn wohl ihr Vertrauen in mich verspielt, ihr Vertrauen
leichtfertig aufs Spiel gesetzt?"

Doch Frau *jott wollte seine Zweifel und innere Not partout nicht
gelten lassen und stellte unmissverständlich klar:
„ Vertrauen?
Vertrauen ist dir doch niemals wirklich geschenkt worden, niemals
bedingungslos entgegen gebracht worden!"

Frau *jott über alte Zöpfe

Frau *jott lachte verschmitzt, ließ in ihrer Freude aber durchaus
auch einen entschlossenen, einen ein wenig drohenden Unterton
mitschwingen:
„Nun werden wir uns daran machen,
die alten Zöpfe abzuschneiden!"
Und Herr *jott fügte ebenso kämpferisch hinzu:
„Und sei es,
auch bei Leuten mit schütterem Haar oder auch Glatzen!"

Ehepaar *jott über hartes Arbeiten

Herr *jott meinte zu seiner Frau, und fast schwang ein wenig Bewunderung in seinen Worten mit:
„Sie haben so sehr gearbeitet - so unendlich lange, so unendlich hart!"
„Jaja", fügte Frau *jott mit eine wenig Sarkasmus in der Stimme hinzu:
„Sogar wirklich erfolgreich daran gearbeitet, in unserer Achtung so tief zu sinken!"

Frau *jott über Preise

Frau *jott hatte schon so oft in ihrem Leben bezahlt und somit
konnte sie sehr genau beurteilen:

„Der Preis ist vielfach sehr hoch, der bezahlt werden muss - !
Besonders, weil ihn immer andere als die bezahlen müssen, die für
ihn verantwortlich sind!"

Familie *Jott über Vertrauen

Frau *jott befragte ungläubig ihren Mann:
„Und sie meinen wirklich,
du bist für alles zuständig ?
Und das,
obwohl sie dir doch gar nicht wirklich vertrauen?"

Frau *jott und Herr *jott über Schritte zurück

Beide, Frau *jott und auch Herr *jott, hatten es des öfteren schon beobachtet, bei der einen oder anderen Gelegenheit auch selber erlebt:
Gerne traten manche Menschen einen Schritt zurück, hielten sich bedeckt, nötigten vielleicht sogar ihre Mitmenschen gerade auch dadurch, dieses oder jenes zu tun.

Am Ende holten diese Menschen dann aber gewaltig aus –
mit einer Keule!

Herr *jott über Feuer & Flamme

Herr *jott berichtete Frau *jott tief erschüttert von einem Freund.
Einem Freund, der für so unendlich vieles gebrannt hat -

Doch jetzt, ganz plötzlich, hat das Leben ihn einfach so ausgelöscht -

Frau *jott und Herrn *jott über Wege

Frau *jott und Herrn *jott einte so manche Erkenntnis, so auch diese:

Wer 'glaubt',
geht unbeirrt seinen Weg . . .
. . . auch, wenn es der Holzweg ist!

Frau *jott über gereichte Hände

Frau *jott war sich sicher:
Manche Menschen sollten wissen,
zumindest aber erahnen oder erfühlen,
dass sie,
wenn sie eine ihnen gereichte Hand nicht ergreifen,
untergehen werden oder könnten!

Herr *jott philosophiert über Löffel

Herr *jott meinte nachdenklich zu Frau *jott:

„Und wenn es denn an der Zeit sein wird zu gehen,
dann hoffe ich, den Löffel noch immer selber halten zu können,
denn ich möchte ihn doch auch selber abgeben können!"

Herr *jott über Wissen

Herr *jott hatte es über die Jahre immer mehr erkannt:

„Nur weil ich es nicht weiß oder kann,
heißt doch nicht, dass . . .“

Frau *jott und auch Herr *jott über Vertrauen in andere

Ach, sie werden schon alles entsorgen,
wenn wir einmal nicht mehr sein werden ...

Frau *jott über das Verstehen

Frau *jott befragte etwas befremdet ihren Mann, ob er ihren Eindruck denn wohl teilen möge:

Dass es doch egal scheint,
ob manche Menschen sich erzählten,
sich anschrien,
übereinander wetterten,
sich beschimpften -

Und tatsächlich waren sich Frau *jott und Herr *jott darüber wirklich uneingeschränkt einig:
Manche Menschen scheinen einander einfach nicht zu verstehen!

Familie*jott über gute Wünsche und dergleichen

Herr *jott wusste,
dass viele liebe und gute Wünsche nicht immer von Herzen kommen!

Und Frau *jott ergänzte:
„So manche Ohrfeige aber schon!"

Frau *jott über das Hier und Jetzt

Frau *jott blickte oft auf die Menschen um sie herum - und sie er-
kannte immer wieder aufs Neue:
„Ja, die meisten Menschen haben die Zukunft, sogar die Unendlich-
keit, fest im Blick und Sinn!

Doch den Moment, das Hier und Jetzt, das erkennen und erspüren
sie einfach nicht!"

Herr *jott über sich und die, die die Welt verstehen

Wie soll ich denn die Welt verstehen ... ?

Wenn ich mich selber nicht verstehe ... ?

Frau *jott und Herr *jott

danken für das freundliche Interesse ! ! !